Le Bouquin du Petit Coin 5

Monsieur B.

Le Bouquin du Petit Coin 5

Textes d'Annie Pastor

Hugo Desinge

Conception graphique : Céline Julien
Conception couverture : Jef Cortes

38, rue La Condamine
75017 Paris
www.hugoetcie.fr
ISBN 9782755612967
Imprimé en France

INTRODUCTION

Ce lieu respecteras
De station prolongée ne feras
Pas à côté ne viseras
De gros bouquin n'emporteras
Du bon papier utiliseras
Mais une seule feuille à la fois prendras
La chasse d'eau toujours tireras
En sortant, la fenêtre ouvriras
Et un parfum disperseras

LES SECRETS DE DAME PIPI

Un baume au pipi, une potion au caca

Les remèdes en vogue, au temps de Madame de Sévigné, étaient bien particuliers. Et pourtant, chacun en vantait les vertus.

Le baume d'urine, appelé "catholicon", guérit l'hydropisie, la suppression de l'urine et des règles, empêche la corruption, guérit la peste, les fièvres de toute nature, putrides ; il stoppe les vomissements et les nausées et est conseillé pour les maux de gorge. En somme, cet esprit d'urine n'était autre chose qu'une solution ammoniacale et, comme telle, elle avait des propriétés réelles.

Pour que vous en profitiez vous aussi, voici les secrets de sa recette : "Prenez l'urine d'un jeune homme bien portant de 12 ans environ et si possible qui ait bu du vin depuis quelques mois. Faites putréfier cette urine sur du fumier pendant une année philosophique [un mois], puis distillez-la à petit feu sur des cendres ou du sable. La couleur doit être blanche et son odeur légèrement fétide, c'est pourquoi, pour lui donner une saveur plus suave, on lui ajoute, avant d'en faire usage, de la cannelle et du sucre."
Quant à l'eau de mille-fleurs, elle sert surtout à la toilette pour les mains et le visage. Elle est produite à partir de bouse de vache fraîche recueillie en mai. En effet, c'est durant ce mois que la végétation prend assez de vigueur pour que les vaches puissent brouter les mille fleurs de la prairie. La recette en est simple : prenez de la bouse de vache, des limaçons avec leurs coquilles. Écrasez le tout, délayez dans un tiers de vin blanc et distillez le mélange.

Enfin, on donnait encore le nom d'eau de mille-fleurs à la simple urine de vache. Au printemps et en automne, on faisait des cures pour guérir l'asthme, l'hydropisie, les rhumatismes, la goutte et les vapeurs. En plus des frictions, on en buvait deux ou trois verres tous les matins pendant neuf à dix jours et on devait se promener à la campagne.

PISSE TROIS GOUTTES

Le saviez-vous ?

Ramsès II, l'un des pharaons les plus connus à travers le monde, eut 7 épouses, mais aussi de nombreuses concubines. Il aurait eu plus de 100 enfants.

PISSE TROIS GOUTTES

Le saviez-vous ?

Napoléon Bonaparte compte un palmarès de 44 victoires et 7 défaites. Près d'un million d'hommes, dont 400 000 Français, sont morts au cours de ses batailles, de 1793 à 1815. Il est aujourd'hui l'homme le plus célèbre après Jésus-Christ, au point que l'on envisage de lui consacrer un parc de loisirs en Seine-et-Marne. Ce projet, prévu pour 2017, est estimé à 250 millions d'euros et se veut créateur de 3 000 emplois.

LE PETIT COIN DES JEUX

Homère est traditionnellement représenté comme un vieil aveugle récitant ses poèmes.

1. Mais qui était Homère ?

a) Un poète grec de l'Antiquité
b) Un poète latin de l'Antiquité
c) Un poète du Moyen Âge

2. On lui a attribué *l'Iliade* et *l'Odyssée* dès le 6e siècle av. J.-C. Que signifie "odyssée", en grec ?

a) Ithaque
b) Vertu
c) Courage
d) Ulysse

Réponses : 1a - 2b

"Si jamais j'ai besoin d'une transplantation de cerveau, je choisirai un sportif, car je veux un cerveau qui n'a jamais servi." [Norman Van Brocklin]

LES POTINS DE DAME PIPI

Ne partez pas !

L'année 2012 est un bon cru pour certains de nos acteurs.

1. Dany Boon : 3,6 millions d'euros avec 2 films. (*Bienvenue chez les Ch'tis* et *Rien à déclarer*).

2. Gérard Depardieu : 2,3 millions d'euros avec 4 films (*Astérix et Obélix au service de Sa Majesté*, *L'homme qui rit*, *Turf*, *Les Boulistes*).

3. Catherine Frot : 2,235 millions d'euros avec 3 films (*Les Saveurs du palais*, *Bowling*, *Associés contre le crime*).

4. Gad Elmaleh : 2,1 millions d'euros avec 4 films (*L'Écume des jours*, *Un bonheur n'arrive jamais seul*, *Les Seigneurs*, *Le Capital*).

5. Alain Chabat : 2 millions d'euros avec 1 film (*Sur la piste du Marsupilami*).

6. Patrick Bruel : 1,8 million d'euros avec 2 films (*Le Prénom*, *Paris-Manhattan*).

7. Marion Cotillard : 1,7 million d'euros avec 2 films (*De rouille et d'os*, *The Dark Knight Rises*).

8. José Garcia : 1,6 million d'euros avec 2 films (*La vérité si je mens 3*, *Les Seigneurs*).

9. Jamel Debbouze : 1,5 million d'euros avec 1 film (*Sur la piste du Marsupilami*).

10. Mathilde Seigner : 1,475 million d'euros avec 3 films (*Dans la tourmente*, *Bowling*, *Maman*).

LA CULTURE PAS CHIANTE

Un dictionnaire diablement amusant

On ne se lasse pas des dictionnaires humoristiques. Un des derniers en date est celui qui a été écrit par Laurent Baffie, avec des définitions telles que "Enterrement : dernière sortie en boîte", "Escargot : limace qui a accédé à la propriété", ou encore "Grammaire : règles douloureuses."

D'autres ont été édités bien avant, dont le fameux Dictionnaire du Diable, de 1911, d'Ambrose Pierce.

- **Abstinent :** personne faible qui cède à la tentation de se refuser un plaisir.
- **Absurdité :** affirmation manifestement incompatible avec sa propre opinion.
- **Antipathie :** sentiment que nous inspire l'ami d'un ami.
- **Amitié :** embarcation assez grande pour porter deux personnes par beau temps, mais une seule en cas de tempête.
- **Amour :** folie temporaire que l'on peut guérir par le mariage ou en retirant le patient du champ d'influence qui est à la source de l'indisposition.
- **Armure :** genre de vêtement porté par celui qui prend un forgeron pour tailleur.
- **Bien-être :** état d'esprit produit par la contemplation des ennuis d'autrui.
- **Cadavre :** produit fini dont nous sommes la matière première.
- **Citation :** répétition erronée d'une déclaration d'autrui. Extrait repris avec des erreurs.

♦ **Clarinette :** instrument de torture utilisé par une personne qui a du coton dans les oreilles. Il y a deux instruments qui sont pires qu'une clarinette : deux clarinettes.

♦ **Connaisseur :** spécialiste qui sait tout à propos d'une chose et rien à propos de tout le reste.

♦ **Conseil :** petite monnaie d'usage courant.

♦ **Conversation :** foire où chacun propose ses petits articles mentaux, chaque exposant étant trop préoccupé par l'arrangement de ses propres marchandises pour s'intéresser à celles de ses voisins.

♦ **Cynique :** grossier personnage dont la vision déformée voit les choses comme elles sont, et non comme elles devraient être.

♦ **Déluge :** premier essai remarqué de baptême collectif, qui lessiva tous les péchés (et les pécheurs) de la Création.

♦ **Diplomatie :** l'art patriotique de mentir pour son pays.

♦ **Écritures :** livres sacrés de notre sainte religion, à ne pas confondre avec les récits profanes et mensongers sur lesquels sont fondées toutes les autres croyances.

♦ **Épitaphe :** inscription sur une tombe, démontrant que les vertus acquises par le trépas ont un effet rétroactif.

♦ **Érudition :** poussière tombée d'un livre dans un crâne vide.

♦ **Évangéliste :** porteur de bonnes nouvelles, particulièrement (dans un sens religieux) de celles qui assurent notre propre salut et la damnation de nos voisins.

♦ **Faire plaisir :** poser les fondations d'une structure de contrainte.

♦ **Félicitations :** politesse de la jalousie.

♦ **Frontière :** en géographie politique, ligne imaginaire entre deux nations, séparant les droits imaginaires de l'une des droits imaginaires de l'autre.

♦ **Huître :** mollusque gluant en forme de crachat que les hommes civilisés sont assez intrépides pour manger sans lui ôter les entrailles.

♦ **Imagination :** entrepôt d'idées, dont le poète et le menteur sont copropriétaires.

♦ **Immigrant :** individu mal informé qui pense qu'un pays est meilleur qu'un autre.

♦ **Irréfléchi :** insensible à la valeur de votre conseil.

♦ **Inventeur :** personne qui fait un ingénieux arrangement de roues, de leviers et de ressorts, et qui croit que c'est la civilisation.

♦ **Lycée :** 1. École antique où l'on s'entretenait de morale et de philosophie. 2. École moderne où l'on discute de football.

♦ **Mariage :** communauté se composant d'un maître, d'une maîtresse et de deux esclaves, le tout en deux personnes.

♦ **Médire :** faire le portrait d'un homme comme il est, quand il n'est pas là.

♦ **Ministre :** fonctionnaire doté d'un très grand pouvoir et d'une toute petite responsabilité.

- **Patience :** forme mineure de désespoir, déguisée en vertu.
- **Politesse :** forme la plus acceptable de l'hypocrisie.
- **Présidence :** le cochon le plus gras du champ de la politique.
- **Prix :** valeur d'un objet, plus une somme raisonnable pour l'usure subie par la conscience en le demandant.
- **Raison :** propension au préjugé.
- **Raseur :** personne qui parle quand vous souhaitez qu'elle écoute.
- **Réalisme :** art de dépeindre la nature telle qu'elle est vue par les crapauds. Charme qui ressort d'un paysage peint par une taupe, ou d'une histoire écrite par un asticot.
- **Seul :** en mauvaise compagnie.
- **Sincère :** muet et illettré.
- **Singe :** animal arboricole qui se sent également très à l'aise dans les arbres généalogiques.
- **Sorcière :** 1. Horrible et repoussante vieille femme, en perverse activité avec le Diable. 2. Belle et attirante jeune personne, dont les perverses activités dépassent le Diable.
- **Tableaux :** représentations en deux dimensions des choses inintéressantes en trois.
- **Téléphone :** invention du Diable qui annule quelques-uns des avantages à maintenir une personne désagréable à distance.
- **Violon :** instrument qui titille les oreilles humaines par le frottement d'une queue de cheval sur les boyaux d'une chatte.

“Les mamans ça pardonne toujours, c'est venu au monde pour ça.” [Alexandre Dumas]

LE PETIT COIN DU BIZARRE

Des glaciers font de la résistance

La majeure partie des glaciers dans le monde rétrécit, les calottes maigrissent. Et ceux de l'Himalaya ne font pas exception, sauf dans le massif montagneux de Karakoram. Contre toute attente, les glaciers de cette région auraient même tendance à grossir. Et les températures estivales y seraient en baisse depuis 1960. Mais ces conditions climatiques ne peuvent expliquer, à elles seules, ce phénomène. Le mystère reste entier.

PISSE TROIS GOUTTES

Vive les Bretons : le nom Bretagne, qui vient du nom du peuple des Brittany, pourrait être issu d'une racine indo-européenne qui signifie intelligent.

LE PETIT COIN DES JEUX

De quelle nationalité sont-ils ?

1. Le nageur Michael Phelps est :

a) Australien
b) Américain
c) Anglais

2. Le marathonien Guor Marial vient :

a) D'Afghanistan
b) Du Sénégal
c) Du Soudan du Sud

3. La joueuse de badminton Hongyan Pi représente :

a) La Chine
b) La France
c) La Corée du Sud

Réponses : 1b - 2c - 3b

"Un jeune con est assurément plus redoutable qu'un vieux, il a tout l'avenir devant lui." [Pierre Perret]

LES SECRETS DE DAME PIPI

Notre corps et ses mystères

Un bébé dans le ventre commence à former des empreintes à l'âge de trois mois.

85 % du cerveau humain est composé d'eau.

Certains cancers régressent sans traitement.

Les virus peuvent tomber malades en étant infectés par un autre virus.

Un placebo peut être nocif, cela s'appelle le nocebo.

On perd très peu de neurones en vieillissant.

Vacciner peu est parfois plus dangereux que de ne pas vacciner.

Les maladies génétiques ne sont pas toutes héréditaires.

Il y a 100 fois plus d'êtres vivants à la surface de notre peau que d'humains sur Terre. En effet, un centimètre carré peut abriter jusqu'à 50 millions de bactéries.

Le corps humain contient plus de bactéries que de cellules.

L'homme a assez d'ADN pour relier 260 000 fois la Terre à la Lune.

L'homme possède moins de gènes que le riz.

Notre corps remplace plusieurs millions de cellules chaque seconde.

L'homme partage 95 % de ses gènes avec le chimpanzé, mais aussi 35 % de ses gènes avec la jonquille.

Dans tout le corps humain, c'est l'os de la mâchoire qui est le plus dur.

Les ongles des mains poussent 4 fois plus vite que les ongles des pieds.

Nos yeux gardent la même taille, de notre naissance jusqu'à la mort.

De l'ampoule à la chaise électrique

Thomas Edison (1847-1931), fondateur de General Electric, l'un des premiers empires industriels mondiaux, est reconnu comme l'un des inventeurs américains les plus importants et les plus prolifiques, revendiquant le nombre record de 1 093 brevets.

L'invention de l'ampoule électrique à incandescence (1879) n'a pas recueilli d'emblée une adhésion franche et massive. "Une invention sympathique tout juste bonne pour nos amis d'outre-Atlantique, mais sans aucun intérêt pratique ou scientifique", dira une commission parlementaire anglaise.

Voici quelques-unes de ses inventions :

♦ 1866 : le télégraphe "transmetteur-receveur duplex automatique de code Morse".

♦ 1868 : la machine de comptage automatique de vote (non retenue par le Congrès des États-Unis).

♦ 1869 : le télégraphe multiplexé automatique.

♦ 1874 : le téléscripteur qui imprime à haute-vitesse.

♦ 1876 : un téléphone (brevet déposé de peu avant le sien par Alexandre Graham Bell).

1876 : le microphone pour les téléphones d'Alexandre Graham Bell.

1877 : le phonographe.

1879 : l'effet Edison, mise en évidence de l'émission d'électrons à partir d'un filament chauffé.

1882 : la centrale électrique de courant continu pour 1 200 lampes.

1888 : la chaise électrique.

1888 : le kinétographe pour enregistrer des films et le Kinétoscope pour les visualiser.

1893 : les premiers studios de production de films de cinéma.

1893 : les “Kinetoscope Parlors” (premières salles précurseurs du cinéma).

1895 : la lampe fluorescente à partir d’un tube à rayons X.

1903 : une caméra (Universal Projecting Kinetoscope) (enregistrement de films très courts).

1913 : le kinetophone (Kinétographe + Kinéscope + Phonographe pour des films parlants).

1915 : l’accumulateur alcalin nickel-fer, la première batterie.

C'est éléphantesque

• **De 5 à 7 tonnes :** c'est le poids d'un éléphant adulte. Le plus grand éléphant connu a été signalé en Angola, en 1974 : il s'agissait d'un mâle de 12 tonnes.

• **100 kg :** c'est le poids d'un éléphant à la naissance.

• **100 kg :** c'est aussi le poids de sa trompe. Elle est pourtant dépourvue d'os.

• **1 500 :** c'est le nombre de muscles que comporte la trompe.

• **2 cm :** c'est l'épaisseur de la peau de l'éléphant.

• **De 4 à 6 kg :** c'est le poids de son cerveau. Si l'on compare la taille du cerveau de l'éléphant à sa masse corporelle, c'est lui qui possède le plus petit cerveau, alors que celui de la souris est le plus grand.

• **De 16 à 20 heures :** c'est le temps qu'il consacre, par jour, à rechercher de la nourriture.

• **100 litres :** c'est la quantité d'eau qu'il boit par jour.

PISSONS DE RIRE

Dans une brasserie, une jolie femme s'avance vers le bar. Elle fait signe au barman pour qu'il s'approche. Lascivement, elle l'invite à venir encore plus près. Elle lui caresse alors le visage doucement, en susurrant :

– Êtes-vous le gérant ?

– Euh… en fait, non, bafouille le barman.

– Pouvez-vous aller le chercher, s'il vous plaît ? demande-t-elle, en lui passant légèrement deux doigts sur les lèvres.

– Il est absent pour l'instant, dit-il dans un souffle.

– Pouvez-vous faire quelque chose pour moi ? interroge-t-elle, en insérant alors de façon subjective les doigts dans sa bouche.

– Bien sûr, répond l'homme en les léchant lentement.

– Dites-lui qu'il n'y a plus ni papier ni savon dans les toilettes des dames…

• **De 150 à 180 kg :** c'est son besoin en nourriture par jour durant la saison sèche.

• **De 200 à 260 kg :** il s'agit de son besoin en nourriture par jour durant la saison des pluies.

• **30 ans :** c'est l'âge auquel le mâle commence à se reproduire. Il est alors suffisamment imposant pour pouvoir se battre avec d'autres mâles afin de conquérir les femelles.

• **60 ans :** c'est la durée de vie d'un éléphant.

• **De 100 000 à 150 000 :** c'est le nombre de muscles dans la trompe.

• **De 20 à 22 mois :** c'est le temps de la gestation.

Mais pas pour tout :
De 20 à 30 secondes, c'est le temps de la copulation. L'éléphant mâle étant très lourd, la copulation est très rapide.

PISSE TROIS GOUTTES

L'eau de Javel tire son nom du village de Javel, où elle fut fabriquée pour la première fois. Ce village, qui était situé à l'ouest de notre capitale, est aujourd'hui un quartier du 15e arrondissement de Paris. Découverte par le chimiste français Claude Louis Berthollet (1748-1822), à la fin du 18e siècle, l'eau de Javel fut employée à l'origine pour blanchir le linge. Elle est aujourd'hui utilisée dans le monde entier comme désinfectant et décolorant.

À chaque pays son monstre

LES ZOMBIES – HAÏTI

Dans le vaudou haïtien, le zombie est une personne plongée dans un état cataleptique et privée de son âme. Cet état est causé par une puissante drogue, donnée par un prêtre vaudou. La victime, qui passe pour morte, est ensuite enterrée. Après 24 heures, le sorcier revient déterrer le corps tout en récitant diverses formules magiques. Il lui fait boire un antidote qui le sort de sa léthargie mais lui fait perdre toute volonté, cela afin de le réduire en esclavage.

LES BANSHEES – IRLANDE

Dans les légendes du folklore irlandais et écossais, la banshee est une créature féerique féminine qui commence à gémir quand quelqu'un est sur le point de mourir.

LES GORGONES – GRÈCE

Les Gorgones, dans la mythologie grecque, sont des créatures fantastiques malfaisantes d'une telle laideur que quiconque ose les regarder meurt pétrifié. La plus célèbre est Méduse. On les représentait comme des jeunes femmes, souvent avec des ailes et de grandes dents. Leur chevelure était constituée de serpents.

LES GOULES – PAYS ARABES

La goule est une créature monstrueuse du folklore arabe et perse qui apparaît dans les contes *Les Mille et Une Nuits*. Prenant la forme d'une hyène ou d'une femme, elle affectionne les cimetières, où elle déterre les cadavres pour s'en nourrir.

LES VAMPIRES – LES BALKANS

C'est en Serbie, vers 1725, que le mot vampire fait son apparition, à la suite d'un cas supposé, celui d'Arnold Paole. Selon la croyance slave, après la mort, l'âme persiste et peut évoluer sur la terre pendant 40 jours avant de rejoindre l'Au-Delà. Le vampire passe pour vouloir se venger des vivants en leur subtilisant leur sang et leur énergie vitale.

"Les hommes veulent toujours être le premier amour d'une femme. C'est là leur vanité maladroite. Les femmes ont un sens plus sûr des choses : ce qu'elles veulent, c'est être le dernier amour d'un homme." [Oscar Wilde]

LES LOUPS-GAROUS – ALLEMAGNE
Il s'agit de personnes mortes en état de péché mortel qui revenaient sous forme de loups pour boire du sang, avant de retourner à leur corps humain dès les premières lueurs du jour. Ce phénomène devient commun dans certaines zones rurales de l'Allemagne, de la Pologne et du nord de la France. On mentionne toutefois des loups-garous dans la Grèce ancienne.

LES MOMIES – ÉGYPTE
Les Égyptiens de l'Antiquité croyaient que la préservation du cadavre de Pharaon lui assurait une vie éternelle dans l'Au-Delà. D'où les légendes de ces momies revenant à la vie.

LES OGRES – FRANCE
C'est à partir de 1697, année où il paraît dans *Les Contes de ma mère l'Oye*, de Charles Perrault, que le terme se popularise en langue française. L'auteur donne de l'ogre la définition suivante : "Homme sauvage qui mange les petits enfants".

LES ONI – JAPON
Ils ont habituellement une forme humanoïde, une taille gigantesque, des griffes acérées, deux cornes protubérantes poussant sur leur front, des poils ébouriffés et un aspect hideux. Cependant, comme leur forme n'est pas totalement définie, certains détails de leur anatomie varient, comme le nombre d'yeux, de doigts ou d'orteils qu'ils possèdent, ou bien la couleur de leur peau, qui est généralement rouge ou bleue. Ils adorent manger de la chair humaine.

"On gagne toujours à taire ce que l'on n'est pas obligé de dire." [Proverbe chinois]

Après la commande vocale, la "télépathie"

En 2012, a été mis au point un serre-tête en plastique qui scanne les ondes du cerveau et les retransmet à un ordinateur, un iPhone, un iPad, etc. Un prototype a été présenté et, miracle, en dictant un message, si l'on est concentré, le texte s'affiche. Si l'on veut insister sur un mot, il suffit d'y penser très fort pour que celui-ci s'affiche en gras.

Cette avancée ouvre d'énormes possibilités. Il sera donc envisageable, dans le futur, de dicter ses mails sans écrire, sans parler, de faire fonctionner sa machine à café juste en y pensant ou de changer de chaîne à la télé en se concentrant…

LE PETIT COIN DES LISTES

Combien de kcal dans un verre ou une tasse de 25 cl ?

- 25 cl d'eau 0 kcal
- 25 cl de café noir 0 kcal
- 25 cl de jus de fruits non sucré 100 kcal
- 25 cl de bière blonde 110 kcal
- 25 cl de vin 150 kcal
- 25 cl de lait 170 kcal

Rester cool

Quoi ? Qu'est-ce que t'as dit ? Répète pour voir !

Comment ne pas sortir de ses gonds pour un mot de trop, une critique ? Difficile, pour les hypersensibles, les susceptibles, de rester zeeeennn en toute circonstance.

1. Prenez soin de vous : reposez-vous convenablement, évitez le café, et aussi de vous mettre dans des situations stressantes toute la journée, faites des exercices de respiration régulièrement.
2. Apprenez à contrôler vos émotions : lors d'une conversation tendue, respirez lentement mais profondément, en gonflant et en dégonflant le ventre. Concentrez-vous sur votre respiration. Le calme retrouvé, vous pouvez alors écouter ce qui est exprimé (la critique, comme le reste…).

3. Sachez prendre du recul : pour ne pas réagir au quart de tour et vous emporter, n'argumentez pas à vif et habituez-vous, dans pareille situation, à dire "j'ai entendu, j'y réfléchis et on en reparle plus tard". Cela vous permettra de reprendre la conversation sans colère et peut-être sous un angle différent.

4. Apprenez à vous aimer : on est souvent susceptible parce qu'on manque d'estime pour soi. Il faudrait alors pouvoir apprendre ou réapprendre à s'estimer. Commencez par dresser une liste de vos qualités. Vous verrez qu'il y en a. (Conseils d'Hervé Magnin, psychothérapeute cognitiviste comportementaliste, auteur de *Susceptible et bien dans ma peau* et *C'est décidé, je m'aime*, Jouvence Éditions.)

LE PETIT COIN DES JEUX

1. Quel philosophe a partagé la vie de Simone de Beauvoir ?
a) André Comte-Sponville
b) Jean-Paul Sartre
c) Michel Foucault

2. Qui a vécu près de dix ans avec George Sand ?
a) Frédéric Chopin
b) Piotr Ilitch Tchaïkovski
c) Johannes Brahms

3. Qui de ces écrivains se maria avec Marilyn Monroe ?
a) Frank O'Hara
b) Arthur Miller
b) Truman Capote

Réponses : 1b - 2a - 3b

"Le bonheur, c'est avoir une bonne santé et une mauvaise mémoire." [Ingrid Bergman]

Des chiffres à méditer

20 000 naissances de bébés-éprouvette par an dans le monde.

353 015 naissances dans le monde, chaque jour.

158 857 décès par jour dans le monde.

241 000 mariages célébrés en 2012.

242 millions de jouets sont achetés en France par an, pour 3,23 milliards d'euros.

200 millions de tonnes d'eau sont utilisées à Paris par an.

7 millions de personnes par an visitent la tour Eiffel.

2 400 arbres par an sont plantés par la Ville de Paris.

1 500 arbres par an sont abattus par la Ville de Paris.

1,479 milliard de voyages par an dans le métro de Paris.

15 000 maisons en bois par an sont construites en France.

445 000 logements neufs par an sont construits en France.

165 000 nouveaux urbains viennent s'installer par jour et renforcer l'urbanisation galopante dans le monde.

365 millions de yaourts par an sont jetés à la poubelle alors qu'ils sont encore consommables.

31,51 milliards de bouteilles de vin sont bues chaque année sur la planète.

468 millions de tonnes de riz par an sont consommées dans le monde.

8 millions de tonnes de tabac sont produites par an.

30 millions d'hectares de surfaces cultivables sont perdues chaque année du fait de la dégradation de l'environnement, de l'industrialisation et de l'urbanisation, soit l'équivalent de la superficie de l'Italie.

3,7 milliards d'euros, en 2012, pour les ventes des produits biologiques en France.

9,5 millions de tonnes d'aide alimentaire par an sont distribuées dans le monde.

1,3 milliard de tonnes d'aliments par an sont jetés dans le monde.

6 millions de morts découlent de la malnutrition dans le monde chaque année.

40 millions par année (chiffres 2011) de tablettes Internet vendues dans le monde avec le iPad d'Apple, qui domine largement le marché.

13,5 millions de smartphones sont vendus par an en France.

35 millions d'ordinateurs seront "jetés dans la nature, avec peu ou pas de précaution au regard de leur contenu toxique".

2,5 millions d'ordinateurs sont mis au rebut chaque année par les entreprises – dont un million en "bon état de fonctionnement".

2,35 millions de tonnes de CO_2 sont rejetées par les iPhone en un an.

511 millions de kilos de CO_2 par an au total sont rejetés, par le biais des recherches sur Google, du fait de l'immense quantité d'énergie consommée par les quelque 500 000 serveurs du moteur de recherche américain.

Polémique pour 20 dollars

Andrew Jackson (15 mars 1767-8 juin 1845) est le septième président des États-Unis. Il a été une figure importante qui a dominé la politique américaine dans les décennies 1820 et 1830. Aujourd'hui, pour certains, il représente un protecteur de la démocratie populaire et de la liberté individuelle, mais il est décrié, par d'autres, pour son soutien à l'esclavage et à la déportation des Indiens à l'ouest du Mississippi. À ce souvenir, des Amérindiens refusent encore aujourd'hui de se servir du billet de 20 dollars à son effigie.

Les billets américains : avers et revers

1 dollar : George Washington – Grand Sceau des États-Unis.

2 dollars : Thomas Jefferson – Déclaration d'indépendance.

5 dollars : Abraham Lincoln – Mémorial Lincoln.

10 dollars : Alexander Hamilton – Siège du Trésor américain.

20 dollars : Andrew Jackson – Maison-Blanche.

50 dollars : Ulysses S. Grant – Capitole.

100 dollars : Benjamin Franklin – Independence Hall.

"Pour faire le blocus de Monaco, il suffit de deux panneaux de sens interdit." [Charles de Gaulle]

L'accusé était innocent

Avez-vous vu le film ***Amadeus***, de Miloš Forman ? Ce film a été adapté d'une pièce de théâtre, elle-même inspirée d'une nouvelle de Pouchkine, *Mozart et Salieri*. L'auteur y décrit, entre autres, les rapports conflictuels de ces deux compositeurs, accusant Salieri d'avoir tué Mozart. À la mort de ce dernier, les pires bruits sur la culpabilité de Salieri se sont propagés dans Tout Vienne : "Il l'aurait empoisonné".

Il faudra attendre 200 ans pour connaître les vraies causes de ce décès. Mozart est sans aucun doute tombé et s'est heurté le côté gauche de la tête. Telle est la surprenante découverte après examen de son crâne. Survenue plusieurs mois après la chute, la mort serait tout simplement due à un hématome extradural.

PISSE TROIS GOUTTES

On peut transformer les cendres des défunts en diamants.

Du carbone purifié peut être extrait des cendres humaines, issues d'une crémation d'un être décédé. Plusieurs entreprises, en Suisse, proposent de transformer ce carbone en diamants synthétiques. Le prix de cette transformation hors du commun varie de 2 800 à 10 600 euros, selon le poids de la pierre obtenue. Ce processus nécessite un bon nombre de semaines. Comme chaque être est unique, chaque diamant l'est aussi : la couleur de la pierre est aléatoire et peut varier du bleu foncé au presque blanc. Est-ce comme une deuxième vie pour un être cher ? Ou est-ce une autre manière de commercialiser la mort ?

LE COIN DES JEUX

1. La Perse s'appelle aujourd'hui :

a) Irak.

b) Iran.

c) Éthiopie.

2. La Grande-Bretagne se compose :

a) De l'Angleterre, du pays de Galles et de l'Écosse.

b) De l'Angleterre, de l'Irlande et du pays de Galles.

c) De l'Angleterre, de l'Écosse et de l'Irlande du Nord.

3. Quel est le pays du Matin calme ?

a) La Corée

b) La Birmanie

c) La Thaïlande

Réponses : 1b - 2a - 3a

"Si chacun balayait devant sa porte, comme la ville serait propre !" [Proverbe russe]

Interdiction d'aimer

En l'an 270, le prêtre Valentin encourageait le mariage, alors que l'empereur Claudius II l'interdisait. Ce dernier pensait que les hommes mariés faisaient de piètres soldats, car ils ne voulaient pas abandonner leur famille. Valentin refuse de se soumettre à la volonté de l'Empereur, il est mis au cachot puis martyrisé par les légionnaires, le 14 février.

Avant le haut Moyen Âge, le jour de la Saint-Valentin n'était pas associé à l'amour romantique mais à l'amour physique.
Dans certains pays, la fête de la Saint-Valentin vient d'une croyance médiévale européenne qui dit que les oiseaux commencent à s'accoupler le 14 février.
La première boîte de chocolats pour la Saint-Valentin a été créée, par Richard Cadbury, en 1868.

Mais aussi cause de rupture
D'après un sondage conduit aux États-Unis, 53 % des femmes seraient prêtes à quitter leur « fiancé » si ce dernier ne leur achetait rien pour la Saint-Valentin.

TIREZ LA CHASSE !

La Lune, notre nouvelle poubelle

Alors que l'homme a laissé près de 180 tonnes de matières d'origine terrestre sur la Lune, seulement 382 kg de matières lunaires ont été rapportées sur Terre par les six missions habitées. Les objets les plus volumineux qui jonchent cet astre sont 70 engins spatiaux.

On compte, entre autres :

- 5 drapeaux américains, dont le drapeau américain planté le 16 juillet 1969 par Neil Armstrong et Buzz Aldrin.
- Les messages de bonne volonté, sur micro-disque, laissés par Apollo 11.
- L'écusson représentant la mission Apollo 1 en l'honneur des astronautes Virgil Grissom, Edward White et Roger Chaffee.
- Une feuille d'olivier en or enfermée dans un sachet.
- Des balles de golf laissées par Alan Shepard lors de la mission Apollo 14.
- 12 paires de bottes.
- La statuette Fallen Astronaut, en hommage aux victimes de la conquête spatiale, laissée par David Scott lors de la mission Apollo 15.

• Des médailles commémorant la mort des cosmonautes Youri Gagarine et Vladimir Komarov.
• Une photographie de la famille de Charles Duke, astronaute d'Apollo 16.
• Plusieurs caméras.
• Plusieurs magazines.
• Quelques sacs à dos.
• Plus de 96 sacs d'urine, d'excréments et de vomi…
• Des couvertures isolantes.
• Des nécessaires de toilette, des serviettes hygiéniques.

• Des lingettes.
• Des boîtes vides de nourriture.
• Des miroirs qui servent à réfléchir les rayons laser en provenance de notre planète (pour la mesure précise de la distance Terre-Lune).
• Différents outils : pelles, râteaux, marteaux, pioches…
• Les objets les plus lourds sont les troisièmes étages de plusieurs fusées Saturn V qui ont été volontairement lancés vers le sol lunaire.
• Les sondes Ranger 4, Lunar Orbiter 1, Lunar Orbiter 2 et Lunar Orbiter 3.
• Des satellites.
• Des jeeps lunaires (véhicules lunaires).
• Des Rover lunaires (véhicules lunaires).
• Des robots motorisés.
• Des étages de descente et de remontée pour le module lunaire.

Ramener sur Terre les sondes spatiales et autres parties de vaisseaux qui ne sont pas indispensables au retour des données et des hommes sur notre planète est considéré comme trop coûteux. Les agences les abandonnent donc sur la Lune pour des soucis financiers et pratiques.

LA QUESTION DE DAME PIPI

Savez-vous pourquoi vous ajoutez de l'huile dans l'eau des pâtes, lors de leur cuisson ?

Sachez que cela ne les empêche pas de coller ; l'huile est une substance hydrophobique, donc insoluble, qui flotte à la surface de l'eau. Les pâtes n'entrent donc pas en contact avec l'huile. Elle peut cependant se déposer sur les pâtes pendant l'égouttage, bien que cela empêche par la suite la sauce d'y adhérer. La raison principale qui consiste à ajouter de l'huile est que cela empêche l'eau de déborder ou de former de l'écume.

LE PETIT COIN DES JEUX

1. Dans quelle série TV a-t-on découvert Leonardo DiCaprio ?

a) *21 Jump Street*
b) *Quoi de neuf, docteur ?*
c) *Sauvé par le gong*

2. Dans quelle série TV a-t-on découvert Roger Moore ?

a) *Amour, gloire et beauté*
b) *Le Saint*
c) *Clair de lune*

3) Dans quelle série TV a-t-on découvert Johnny Depp?

a) *Notre belle famille*
b) *Angela, 15 ans*
c) *21 Jump Street*

4) Dans quelle série TV a-t-on découvert Bruce Willis ?

a) *Drôles de dames*
b) *Amicalement vôtre*
c) *Clair de lune*

Réponses : 1b - 2b - 3c - 4c

"Sauf erreur, je ne me trompe jamais." [Alexandre Vialatte]

LE PETIT COIN DES LISTES

Les Sept Merveilles du monde

Des Sept Merveilles du monde de l'Antiquité, il n'en reste plus qu'une aujourd'hui : les pyramides de Gizeh, en Égypte. Le temple d'Artémis à Éphèse, les jardins suspendus de Babylone, le mausolée d'Halicarnasse (Turquie), le colosse de Rhodes, le phare de Pharos, à Alexandrie, la statue de Zeus, à Olympie, ont en effet disparu.
C'est pourquoi 100 millions de personnes ont pris part à un sondage géant pour élire les sept nouvelles merveilles du monde. L'Unesco n'a pas souhaité s'associer à l'opération.

- Le Colisée de Rome (Italie)
- Le Taj Mahal (Inde)
- La Grande Muraille (Chine)
- La cité troglodytique de Pétra (Jordanie)
- La cité maya de Chichen Itza (Mexique)
- La cité inca du Machu Picchu (Pérou)
- La statue du Christ Rédempteur de Rio de Janeiro (Brésil)

Les Sept Merveilles du monde moderne est une liste qui consacre les monuments du 20e siècle. Elle a été déterminée par une grande société d'ingénierie.

- Le barrage d'Itaipu (Brésil et Paraguay)
- Le canal de Panama (Panama)
- La Tour CN (Toronto, Canada)
- L'Empire State Building (New York, États-Unis)
- Le Golden Gate Bridge (San Francisco, États-Unis)
- Le Plan Delta ou "Programme de protection de la mer du Nord" (Pays-Bas)
- Le tunnel sous la Manche (France et Royaume-Uni)

Les principaux films de Johnny

Un nouveau film avec Johnny Halliday, d'abord prévu pour 2013, devrait sortir en 2014.
Le tournage de *Salaud, on t'aime !* de Claude Lelouch a réuni deux autres comédiens de talent qui partageront la vedette avec le chanteur : Eddy Mitchell et Sandrine Bonnaire.
Les principaux films de Johnny :

1962 : *Les Parisiennes*, de Michel Boisrond

1963 : *D'où viens-tu Johnny ?* de Noël Howard

1967 : *À tout casser*, de John Berry

1969 : *Le Spécialiste*, de Sergio Corbucci

1970 : *Point de chute*, de Robert Hossein

1972 : *L'aventure c'est l'aventure*, de Claude Lelouch

1980 : *Le jour se lève et les conneries commencent*, de Claude Mulot

1984 : *Détective*, de Jean-Luc Godard

1985 : *Conseil de famille*, de Costa-Gavras

1987 : *Terminus*, de Pierre-William Glenn

LA CULTURE PAS CHIANTE

Christine de Pisan (1364-1430) est une philosophe et poétesse française de naissance italienne. Ses écrits parlent d'amour, mais aussi de politique, de philosophie. Elle est considérée comme la première femme de lettres française ayant vécu de sa plume. En s'opposant, dans ses recueils, aux idées misogynes de son temps, elle est aussi la première féministe.

1990 : *Le Triangle de fer* (*The Iron Triangle*), d'Eric Weston (resté inédit dans les salles, le film ne connaît qu'une sortie confidentielle en vidéo-cassette)

1991 : *La Gamine*, d'Hervé Palud

1999 : *Pourquoi pas moi ?* de Stéphane Giusti

2000 : *Love Me*, de Laëtitia Masson

2002 : *L'Homme du train*, de Patrice Leconte

2003 : *Wanted*, de Brad Mirman

2004 : *Les Rivières pourpres 2 : les Anges de l'Apocalypse*, d'Olivier Dahan

2005 : *Quartier V.I.P.*, de Laurent Firode

2006 : *Jean-Philippe*, de Laurent Tuel

2009 : *La Panthère rose 2*, de Harald Zwart

2009 : *Vengeance*, de Johnnie To

"Sur les billets en euros, d'un côté il y a une porte, de l'autre, un pont. Ça veut dire : si tu passes pas la porte, t'as plus qu'à te jeter du pont." [Anne Roumanoff]

PISSE TROIS GOUTTES

La tarte tropézienne doit son nom à Brigitte Bardot qui, lors du tournage de *Et Dieu créa la femme*, la baptisa ainsi. Ce dessert traditionnel très apprécié dans le Sud, à base de brioche fourrée à la crème pâtissière, est en fait une recette polonaise.

PISSE TROIS GOUTTES

Le mot "robot" est inspiré de robota, qui signifie "travail forcé" en tchèque.

LE PETIT COIN DES BLAGUES

Un jour, un adolescent rentre tout mouillé dans sa salle de classe. Le professeur lui en demande la raison. "Je suis allé lancer des roches à l'eau", puis il va s'asseoir. Un deuxième arrive dégoulinant d'eau et se justifie en disant "je suis allé lancer des roches à l'eau", et il va s'asseoir. Un troisième rentre à son tour dans le même état. Le professeur lui dit : "Toi aussi tu es allé lancer des roches à l'eau ?", et l'élève lui répond : "Non, c'est moi Desroches."

"Le pastis, c'est comme les seins : un, c'est pas assez et trois, c'est trop." [Fernandel]

LE PETIT COIN DES LISTES

Des caractéristiques particulières

- Une autruche a deux doigts à chaque pied.
- Un éléphant a quatre dents.
- Une vache a quatre estomacs.
- Les abeilles ont cinq yeux.
- Les fourmis ont cinq nez.
- Un cheval mâle a 40 dents, une jument en possède 36.
- Une écrevisse a 200 chromosomes.
- Un porc-épic possède plus de 30 000 piquants.
- Une girafe a sept os dans le cou, comme les humains.
- Les pieuvres ont deux ou trois cœurs.
- Le chameau est le seul mammifère à posséder des cellules sanguines ovales.
- Le tatou donne toujours naissance à des jumeaux.
- La peau d'un ours blanc est noire.
- La girafe est le seul mammifère qui naît avec deux cornes.
- Les rats sont incapables de vomir.
- L'ours koala a des empreintes digitales qui présentent de grandes similarités avec celles des humains.
- La langue d'un caméléon fait presque deux fois la longueur de son corps.
- Un nouveau-né kangourou mesure autour de 2,54 cm de longueur.
- Les chiens et les humains sont les seuls à avoir une glande de la prostate.
- Les femelles des marsupiaux ont deux ovaires, deux trompes de Fallope et deux utérus qui s'ouvrent dans deux vagins séparés.

LE PETIT COIN DES LISTES

Les records de paniers

Inventé, en 1891, par un pasteur canadien installé dans l'État du Massachusetts (États-Unis), le basket-ball est aujourd'hui l'un des sports les plus pratiqués de la planète, rivalisant avec le football en matière de popularité mondiale. Le championnat le plus connu dans le monde est la National Basketball Association (NBA), qui a lieu aux États-Unis. Mais plusieurs coupes européennes sont organisées, la plus prestigieuse étant l'Euroligue.

Bilan des finales européennes par pays, depuis 1958 :

1. Italie, avec 13 titres et 13 finales perdues.
2. Espagne, avec 11 titres et 14 finales perdues.
3. Grèce, avec 8 titres et 5 finales perdues.
4. Russie, avec 6 titres et 6 finales perdues.
5. Israël, avec 5 titres et 9 finales perdues.
6. Croatie, avec 5 titres et 1 finale perdue.

LES POTINS DE DAME PIPI

Le dernier repas de la princesse Diana : une omelette aux asperges et aux champignons, une sole, des beignets de légumes, du champagne.

Le dernier repas de James Dean : une pizza, des spaghetti bolognaise, une salade verte, un tiramisu, un expresso.

Le dernier repas de Jimi Hendrix : un sandwich au thon, du vin, des pilules pour dormir.

Le dernier repas de Marilyn Monroe : du guacamole, des champignons à la vapeur, des boulettes de viande épicées, du champagne.

7. Lettonie, avec 3 titres et 1 finale perdue.

8. Lituanie, avec 1 titre et 1 finale perdue.

9. Géorgie, avec 1 titre et 1 finale perdue.

10. Bosnie-Herzégovine, avec 1 titre et 0 finale perdue.

11. France, avec 1 titre et 0 finale perdue.

12. Serbie, avec 1 titre et 0 finale perdue.

13. République tchèque, avec 0 titre et 3 finales perdues.

14. Bulgarie, avec 0 titre et 2 finales perdues.

“Un imbécile ne s’ennuie jamais ; il se contemple.” [Remy de Gourmont]

LA CULTURE PAS CHIANTE

Ça roule !

En 1848, le voyage de Paris à Lyon prenait moins d'un jour et demi par la malle-poste. On était à Bordeaux en deux jours.

Le 20e siècle remplace les carrioles et les chevaux par des automobiles qui supportent beaucoup moins les irrégularités de la chaussée. Entre les deux guerres, l'État se chargea de goudronner les routes nationales, puis départementales. Dans les années 1960, il se lança dans une vaste politique de création d'autoroutes.